¿Es Auténtica la Historia de Alberto?

Compilado por

Sidney Hunter

ISBN: 0-758906-30-7

Título original en inglés: Is Alberto For Real?
Traducido por: Gladys Aparicio

Chick Publications
P.O. Box 3500, Ontario, CA 91761-1019 E.U.A.
Tel.: (909) 987-0771 • Fax: (909) 941-8128

Fuera de los E.U.A., llame al distribuidor más cercano o vea nuestro catálogo en la internet, en:
www.chick.com/distrib.asp

www.chick.com
E-mail: postmaster@chick.com

Impreso en los Estados Unidos de América
Printed in the United States of America

INTRODUCCIÓN

"¿Es auténtica la historia de Alberto?"

Esta es una pregunta controversial que me han hecho muchas veces los que han leído acerca del Dr. Alberto Rivera en los diversos materiales de Chick Publications.

Alberto Rivera es un ex sacerdote católico romano, jesuita, que se convirtió a Cristo. Después de su conversión, empezó a exponer lo que la Iglesia Católica Romana hace tras bambalinas.

En los Estados Unidos, Chick Publications ha producido la serie de historietas Los Cruzados: ALBERTO, LA CRUZ DOBLE, LOS PADRINOS, LA FUERZA y LOS CUATRO JINETES, que incluyen partes de la historia de Alberto Rivera e información adicional que él dio.

Estas historietas han tenido efectos variados en los lectores. Algunos han reaccionado de modo hostil, mientras que otros han abierto los ojos y se han convertido a Cristo.

Los que refutan el testimonio de Alberto, en la mayoría de los casos, defienden la posición ecuménica o están a favor de la Iglesia Católica. Obviamente, los católicos romanos son los más indignados por las asombrosas declaraciones de Alberto. Algunos lo han atacado en forma personal a fin de desacreditarlo, o han atacado su información alegando que es extrema y aun fraudulenta.

Los católicos que conocen la realidad de su iglesia rara vez refutan lo que Alberto dice de ella. Por tanto, el objetivo primordial de los ataques personales es destruir su reputación.

Al prepararse para responder a uno de los críticos del Dr. Rivera, el Rdo. Fred J. Buick y Helmut Silbach —de la Iglesia Presbiteriana Libre de Perth— realizaron una vasta investigación. Esta nos permite ofrecer respuestas muy bien documentadas a las preguntas que trataremos en este libro.

Mi responsabilidad ha sido compilar la información en forma de libro, a fin de responder muchas de las preguntas sobre las afirmaciones del Dr. Rivera. Es nuestra oración que Dios use este trabajo para lograr dos objetivos:

1. Convencerle de que Alberto Rivera fue realmente quien dijo ser.

2. Prepararle para que dé respuestas claras y precisas a los que cuestionen la validez del testimonio del Dr. Rivera.

Aunque muchos lo han intentado a través de los años, ninguno ha podido refutar con éxito lo que él ha declarado contra la Iglesia Católica Romana.

El propósito de este libro es refutar las acusaciones más frecuentes contra el contenido de los libros antes mencionados, y contra el Dr. Rivera personalmente.

Sid Hunter
Strathpine, Q'ld., Australia

PRÓLOGO DEL EDITOR

En Chick Publications con frecuencia recibimos informes de conocidos líderes "cristianos" que nos atacan por nuestra posición en cuanto al catolicismo romano. Continuamente repiten el mismo argumento católico respecto a Alberto Rivera, haciendo todo lo posible para desacreditarlo, pero ignorando por completo los datos.

Hace años, cuando el Dr. Rivera me relató por primera vez su increíble historia, me mostró numerosos documentos, cartas, tarjetas de identificación y fotografías en las que aparece con vestimenta de sacerdote. Todo eso fue prueba absoluta de que en verdad había sido sacerdote jesuita.

El Dr. Rivera me advirtió que si me atrevía a escribir su historia, las fuerzas de Roma me atacarían sin misericordia. Afirmó que procurarían destruir mi reputación difundiendo información falsa por todo el país.

Oré al respecto y Dios me indicó que imprimiera la

historia. Consideré vital que el mensaje del Dr. Rivera llegara, tanto a los creyentes que usan nuestros materiales, como a los millones de católicos romanos que no son salvos y viven engañados por este sistema religioso falso.

Yo estaba totalmente comprometido, aun hasta la muerte, para obedecer a Dios y exponer a la ramera del libro de Apocalipsis.

Me sorprende la conducta de quienes dicen ser expertos en cuanto a los enemigos del evangelio, pero jamás se pronuncian acerca de la prostitución espiritual de Roma. Sólo puedo repetir la advertencia del apóstol Pablo, autor del libro de Romanos, esa gran epístola que enseña la doctrina de la salvación por la fe (no por obras, ni penitencia o religiosidad):

> "Y os ruego hermanos, que señaléis a aquellos que causan divisiones y escándalos en contra de la doctrina que vosotros habéis aprendido; y que os apartéis de ellos. Porque los tales, no sirven a nuestro Señor Jesucristo, sino a sus propios vientres; y con palabras suaves y lisonjas engañan los corazones de los simples". Romanos 16:17-18

Después de conocer personalmente al Dr. Rivera, y observar de cerca su vida y su vibrante ministerio evangelístico durante los últimos diez años, estoy convencido de que es un verdadero siervo de Dios.

He visto los ataques físicos que sufrieron él y su esposa, así como los agujeros de bala en su casa. He presenciado las crueles calumnias que lanzaron algunas revistas "cristianas" controladas por católicos.

Mientras más persecución sufre él, más convencido estoy de que su mensaje es verdadero y vitalmente importante. Me regocijo porque, debido a su disposición para exponer a Roma, muchos católicos romanos han llegado a ser salvos y ahora conocen al Señor Jesucristo como su Salvador personal. Han dejado a la "madre de las rameras", y ahora sirven a Dios en verdad, conforme a Su bendita Palabra.

Sé que algún día estaré ante el Señor y sabré de las multitudes que escaparon de las llamas ardientes del infierno. Esas personas disfrutarán del cálido resplandor del cielo por toda la eternidad, porque conocieron la verdad bendita por medio de la historia del Dr. Rivera.

Aquel día, al mirar en retrospectiva, recordaré el alto precio de exponer a Roma, pero concluiré que todos los ataques y persecuciones valieron la pena. Sé que mi único pensamiento será: "Alabado sea Dios por las almas preciosas que fueron ganadas para Cristo".

No hay duda de que la historia del Dr. Rivera es auténtica:

* El hecho de que nadie haya refutado sus credenciales sacerdotales prueba que su historia es auténtica.

* La persecución que él ha soportado desde que empezó a denunciar a Roma prueba que su historia es auténtica.

* Los miles de almas que han conocido la salvación por medio del ministerio del Dr. Rivera prueban que su historia es auténtica.

* La historia y los escritos de muchos autores prueban que su historia es auténtica.

Todos los datos lo prueban: La historia de Alberto Rivera es auténtica. Y el mensaje que predica es igualmente genuino. No es un mensaje de odio, como afirma la jerarquía católica. Más bien, es el supremo mensaje de amor... sufriendo ataques y persecución para despertar a la gente respecto a las enseñanzas falsas de ese sistema religioso corrupto.

Esperamos que muchos amigos católicos romanos abran los ojos y que sus almas sean ganadas para Cristo mediante la información que presenta este breve libro.

Esa es nuestra oración y ese es nuestro objetivo.

Su hermano en Cristo,

Jack

Jack T. Chick

Contenido

1

Respuesta a las 12 acusaciones más frecuentes contra Alberto

En este capítulo veremos las 12 acusaciones contra Alberto Rivera que escuchamos con más frecuencia. Después de cada una de ellas, presentaremos nuestra respuesta.

Estas respuestas serán totalmente independientes de los materiales y fuentes escritos por Rivera o Chick Publications.

Acusación No. 1:

Es una exageración afirmar que los jesuitas se in-filtraron en iglesias protestantes y otros grupos.

Respuesta: ¿Por qué sería exagerado afirmar que los jesuitas católicos romanos se infiltraron en iglesias protestantes y otros grupos? ¿No nos advierte la Biblia que vigilemos, porque algunos se introducirán en la verdadera iglesia de Jesucristo y "no perdonarán al rebaño"?

> "Porque yo sé esto, que después de mi partida entrarán en medio de vosotros lobos rapaces, que no perdonarán al rebaño". Hechos 20:29

> "Porque ciertos hombres han entrado encubiertamente, los cuales desde antes fueron ordenados para esta condenación..." Judas 4

Nino Lo Bello, en su libro **The Vatican Papers** (Los documentos del Vaticano —New English Library, 1982), en el capítulo 19 titulado "La Red de Espionaje del Vaticano", muestra claramente que el Vaticano posee la red de espionaje más eficaz y extensa del mundo. Supera incluso al KGB o servicio secreto de Rusia. Declara que este grupo de espías era conocido por los papas como Sodalitium Pianum, e incluye a todos los sacerdotes, monjas y monjes en cualquier lugar de este planeta.

Calcula que la red de espionaje del papa está formada por alrededor de 1'605,000 personas, incluyendo a sacerdotes diocesanos, sacerdotes regulares, seminaristas, monjes y monjas, y que tienen muchos agentes capacitados de tiempo completo.

¿Cuál es el trabajo de los espías sino infiltrarse en otras organizaciones, y en qué organizaciones se infiltrarían los espías católicos sino en otras iglesias, especialmente las verdaderas iglesias de Cristo Jesús?

Permítame citar un pasaje del confiable clásico protestante **The History of Protestantism** (La historia del protestantismo), por el Rdo. J. A. Wylie, página 412 del tomo II:

> "No existía disfraz que ellos (los jesuitas) no pudieran usar, y por tanto, no había lugar en donde no pudieran penetrar. Sin ser oídos, podían entrar en el cuarto privado del monarca o en el gabinete del estadista. Sin ser vistos, podían sentarse en reuniones convocadas o en asambleas generales, y, sin que nadie sospechara, participar en las deliberaciones y los debates.
>
> "No existía idioma que no pudieran hablar ni credo que no pudieran profesar; así, no había pueblo con el que no pudieran residir temporalmente, ni iglesia en la que no pudieran ingresar y cuyas funciones no pudieran eliminar. Podían maldecir al papa con los luteranos, y jurar a la Liga Solemne con los suscritos al Pacto".

Alberto no es el único que afirma que los espías católicos romanos se infiltran en otras iglesias. Todo aquel que lee libros de historia acreditados tiene que llegar a la misma conclusión.

De alguna manera se nos ha hecho creer que los cristianos

podemos coexistir en paz con un sistema religioso satánico, el cual está llevando a millones de almas al infierno. ¡Satanás no desea eso! Él constantemente trata de infiltrarse entre sus enemigos para destruirlos.

- - - - - - - - -

Acusación No. 2:

Rivera está equivocado al decir que San Ignacio de Loyola fue el fundador de los jesuitas.

Respuesta: La **Enciclopedia Británica** (tomo XIII, página 1011) dice que la **Sociedad de Jesús** es "una orden católica romana de clérigos, fundada por San Ignacio de Loyola en 1540".

El mismo documento dice que la orden jesuita es "un agente principal de la contrarreforma" (edición 1973). La Enciclopedia Británica (tomo XI, página 1096) también afirma que el Illuminati "se organizó siguiendo el modelo jesuita".

Por tanto, tal declaración no es la idea absurda de un hombre. Se trata de un hecho histórico innegable, y puede verlo todo el que lea la Enciclopedia Británica. Si se le acusa a Alberto de mentiroso, habría que acusar igualmente a la Enciclopedia Británica. ¿Por qué esta habría de mentir al respecto? Lo cierto es que no lo haría. Tanto la Enciclopedia como Rivera dicen la verdad. Y muchas personas lo saben.

La diferencia entre Alberto y la mayoría de las otras personas es la siguiente:

1. Él estuvo dentro del sistema religioso de Roma y conoció los hechos personalmente.
2. Él está dispuesto a sufrir las consecuencias por hablar con valentía acerca de la poderosa ramera del Apocalipsis.

Los que en verdad conocen a Dios saben cuáles son los resultados de tal actitud:

> "Y también todos los que quieren vivir piadosamente en Cristo Jesús, **padecerán persecución**".
> 2 Timoteo 3:12

Pero ese sufrimiento vale la pena cuando va combinado con esta promesa celestial:

> "Bienaventurados seréis, cuando los hombres os aborrecieren, y cuando os apartaren de sí, y os vituperaren, y desecharen vuestro nombre como malo, por causa del Hijo del Hombre". Lucas 6:22

- - - - - - - - -

Acusación No. 3:

La "teoría de la conspiración" de la que habla Rivera es exagerada y paranoica.

Respuesta: Sólo hay dos formas en que se puede explicar la historia del mundo:

1. La teoría accidental. Todos los eventos, tales como las depresiones económicas, revoluciones, guerras y conspiraciones políticas en el mundo ocurren por casualidad. ¡Esta idea es tan absurda como la creencia en la evolución!

2. La teoría conspirativa. Los eventos mundiales, como los antes mencionados, suceden porque gente influyente así lo desea y hace que ocurran. Personas poderosas se reúnen a puertas cerradas y trazan planes para lograr sus objetivos. El término que mejor describe tal conducta es: cons-piración.

Creemos que la teoría conspirativa tiene más sentido que la accidental. Las afirmaciones de Rivera respecto a una conspiración no son exageradas ni paranoicas. Después de realizar un estudio concienzudo durante años, muchos investigadores respetables y diligentes han concluido que existe una conspiración en acción. El objetivo es dominar al mundo tomando el control de los bancos, el comercio y los medios de comunicación.

Y, a los estudiantes de la Biblia no necesito decirles que la teoría accidental contradice el tema total de la Biblia, sobre todo secciones extensas de la profecía bíblica.

Mencionaré aquí los títulos de once libros en los que los autores presentan sus creencias respecto a la conspiración.

1. **None Dare Call It Conspiracy** (Nadie se atreve a llamarlo conspiración) — Gary Allen
2. **The Rockefeller File** (El archivo de Rockefeller) — Gary Allen
3. **Proofs of a Conspiracy** (Pruebas de una conspiración) — John Robinson A. M.
4. **Descent Into Slavery** (Descenso a la esclavitud) — Des Griffin
5. **Fourth Reich of the Rich** (Cuarto Reich de los ricos) — Des Griffin
6. **The Red Fog Over America** (La niebla roja sobre América) — W. G. Carr
7. **The New Unhappy Lords** (Los nuevos amos infelices) — A. K. Chesterton
8. **National Suicide** (Suicidio nacional) — Anthony C. Sutton
9. **Betrayal by Rulers** (Traición de los gobernantes) — Michael Sturdza
10. **The Naked Capitalist** (El capitalista al desnudo) — W. Cleon Skousen
11. **Serie de grabaciones del Dr. Stuart Crane**,

hechas en Montreal en 1976.

Aunque no estamos de acuerdo con todo lo que expresan estos autores, el hecho en el que parecen concordar es que existe una conspiración en el mundo. Concluyen que los conspiradores están tratando de manipular y dominar al mundo tomando el control de los bancos, el comercio y los medios de comunicación. Por tanto, en ese aspecto con-cuerdan con las declaraciones de Rivera.

Rivera únicamente difiere de ellos en cuanto a los poderes que actúan tras bambalinas. Aquellos autores culpan a los Illuminati, a los banqueros internacionales o a los sionistas. Estos grupos más pequeños constituyen sólo una parte de la conspiración de las fuerzas del mal.

Por su parte, Rivera adopta una posición más bíblica, culpando a la Babilonia misteriosa, la ciudad sobre siete montes (es decir, el romanismo) tal como la entendieron los grandes reformadores protestantes (véase Apocalipsis 17—18).

Por tanto, Rivera no es el único que sostiene este punto de vista; es tan solo uno entre un sinnúmero de autores respetables, incluyendo a escritores modernos, que afirman casi lo mismo.

Por ejemplo, Avro Manhattan ha escrito:

* **Catholic Power Today** (El poder católico hoy)

* **Catholic Terror Today** (El terror católico hoy)
* **The Vatican Moscow Washington Alliance** (La alianza del Vaticano, Moscú y Washington)
* **The Vatican Billions** (Los billones del Vaticano)
* **Vietnam, Why Did We Go?** (¿Por qué fuimos a Vietnam?)

Otras obras importantes son:

* **La Historia Secreta de los Jesuitas** por Edmond Paris
* **The Vatican Against Europe** (El Vaticano contra Europa) por Edmond Paris
* **Peter's Tomb Recently Discovered** (La tumba de Pedro recientemente descubierta) por F. P. Peterson
* **The Broadcasting Controversy – The Pope and Catholic Action** (La controversia de transmisión — El papa y la Acción Católica) por O. T. Beswick B. Sc.
* **Fifty Years in the "Church" of Rome** (50 Años en la "iglesia" de Roma) por Charles Chiniquy
* **What About the Silent Conspiracy?** (¿Y qué de la conspiración silenciosa?) por Andrew Sinclair

También encontramos información en el libro **No Pope**

La tarjeta de identificación que se muestra arriba fue otorgada en España, en 1967, bajo el gobierno del dictador Franco. Las fuerzas de seguridad de éste eran tan estrictas como las de la Gestapo de Alemania.

Alberto tuvo que entregar su partida de nacimiento, documentos de identificación y pruebas provistas por su arquidiócesis de que él era sacerdote. Para recibir este documento, tuvo que recibir la aprobación de varias organizaciones de seguridad, similares a la CIA y al FBI. Es imposible que el documento sea falso. Esta es una prueba de que Alberto fue sacerdote.

Here (Ningún papa aquí) por el Dr. Ian Paisley, o en su grabación **The Black Pope and His Murder Men** (El papa negro y sus asesinos).

Y la lista no está completa. Podríamos recomendar muchas otras obras. Estos autores dicen más o menos lo mismo que afirma Rivera: que el Vaticano es el principal conspirador.

Algo más. En su libro **The Red Fog Over America** (La niebla roja sobre América), el fallecido W. G. Carr reconoció hasta cierto punto que los jesuitas se unieron con los Illuminati. Basándose en hechos, con el apoyo de experiencias personales, en las páginas 225-227 sostiene que los Illuminati realmente estaban dentro del Vaticano.

Eso no es muy distinto de lo que dice Rivera. Vemos así que él no está solo al hacer tales declaraciones. Por tanto, calificarlo de exagerado y paranoico es falso y muy injusto.

- - - - - - - - - -

Acusación No. 4:

Es paranoica la afirmación del Dr. Rivera de que Ignacio de Loyola fundó el Illuminati.

Respuesta: Aun sin examinar a fondo esta afirmación, podemos probar que no es inverosímil. Primero, es un hecho indiscutible que el fundador del moderno Illuminati de Baviera fue un jesuita llamado Adam Weishaupt, de Ingolstadt, Baviera. Weishaupt era profesor en la Universidad de Ingolstadt, que fue el centro de la contrarreforma jesuita (véase Enciclopedia Británica, tomo XII, p. 251).

Fue en Ingolstadt donde los jesuitas prosperaron en 1556 (véase **History of Protestantism** [Historia del protestantismo], por Wylie, tomo II, p. 413). ¿Puede alguien creer realmente que a Weishaupt le hubieran permitido seguir enseñando en una universidad controlada por jesuitas si él los hubiera abandonado? Todas las evidencias indican que continuó trabajando y que estableció la orden de los Illuminati para ellos.

En todo caso, no es paranoica la afirmación de Rivera al decir que Ignacio de Loyola fundó el Illuminati. Sobre todo, cuando tenemos en cuenta que él fue juzgado en 1527 por simpatizar con los Alumbrados (los Illuminati de España). Al respecto, la Enciclopedia Británica dice:

> "Los Alumbrados provenían especialmente de los franciscanos reformados y de los jesuitas, y San Ignacio de Loyola fue acusado en 1527 de simpatizar con ellos" (Tomo I, p. 693).

Por tanto, los Illuminati españoles conseguían a muchos

de sus reclutados de fuentes católicas romanas —franciscanos y jesuitas—, y Loyola fue acusado por estar a favor de ellos.

La persecución que ha sufrido Rivera por sus declaraciones no es nada nuevo. A través de las edades, los profetas de Dios han soportado un trato similar por exponer enseñanzas religiosas falsas. Sin embargo, la Biblia le promete a Rivera una bendición especial en el cielo, porque ninguna de las acusaciones que se han lanzado en su contra han podido ser probadas:

> "Bienaventurados sois cuando por mi causa os vituperen y os persigan, y digan toda clase de mal contra vosotros, mintiendo. Regocijaos y alegraos; porque vuestro galardón es grande en el cielo; porque así persiguieron a los profetas que fueron antes de vosotros". Mateo 5:11-12

Si lo que ha dicho Alberto es falso, entonces demuéstrenlo con datos claros y directos, no con ataques personales contra su carácter.

- - - - - - - - -

Acusación No. 5:

Rivera está errado al afirmar que el sistema católico romano trató de aniquilar a los judíos.

Respuesta: Este es un simple dato histórico. Durante el Concilio de Letrán celebrado en 1215, todos los herejes —judíos y protestantes— fueron condenados a muerte. Este decreto, hasta donde sé, nunca fue anulado. En el capítulo XIII de **Fifty Years in the "Church" of Rome** (50 Años en la "iglesia" de Roma), por Chiniquy, publicado por Chick Publications, encontramos estas dos citas en la página 56:

> "Los católicos romanos no sólo tienen el derecho de matar a los herejes, sino que es su deber".

> "Excomulgamos y anatematizamos toda herejía que se exalte contra la santa y ortodoxa fe católica, condenando a todos los herejes, cualquiera que sea el nombre con que se les conozca, porque aunque sus rostros son diferentes, están atados juntos por la cola. Los que son condenados deben ser entregados a los poderes seculares existentes para que reciban el debido castigo".

Es un hecho histórico innegable que los judíos han sufrido persecución en manos de los papas durante siglos. Rivera tiene la razón al hacer tal declaración.

El autor alemán Otto Markmann, en su libro **Irrtumer Der Katholischen Kirche**, afirma:

> "Cruzadas — Durante las crueles cruzadas que los papas instigaron, recordamos las atrocidades

cometidas por los mercenarios, la captura de Constantinopla y el establecimiento del Patriarcado Latino en el este. Durante la primera cruzada, convocada por el papa Alejandro II en el año 1063, se conquistó Barbastro, la ciudad norteña de España. Allí 50,000 musulmanes fueron torturados y masacrados.

"En Constantinopla se llevaron a cabo los pogromos [asaltos y matanzas] más horrendos entre los judíos. En las sinagogas los quemaban vivos. La segunda cruzada de 1147 comenzó como la primera, matando a judíos y exterminando a musulmanes en Portugal".

En 1377 masacraron a judíos en la villa bávara de Deggendorf. Ferrand Martínez, arzobispo coadjutor de Sevilla, condujo la guerra bautismal en esa ciudad, con el grito: "Bautízate o muere". Él destruyó la comunidad judía de 30,000 personas. Mataron a 4,000 y vendieron a los demás como esclavos. Temiendo la muerte, 10,000 de los judíos perseguidos se sometieron a la conversión forzosa. Se les llegó a conocer como los "Marannen".

El libro **Irrtumer Der Katholischen Kirche** también apoya lo que afirma Alberto:

"Los horrores se extendieron por todo Aragón, Castilla, Barcelona, Valencia y Mallorca. Durante esta 'guerra santa', el santo Vicente llamó a sentir odio santo —y este permanece aún en el siglo 20.

Durante la inquisición en Toledo, bajo la guía del gran inquisidor Tomás de Torquemada, en tres días quemaron a 2,400 Marannen.

"En 1506, los monjes de Lissabon celebraron la 'boda de sangre' y, durante Semana Santa, en dos días quemaron a más de 2,000 judíos. Qué enorme pecado cometió la Iglesia Católica Romana contra la nación escogida".

Veamos ahora la obra de Avro Manhattan, **The Vatican Moscow Washington Alliance** (La alianza del Vaticano, Moscú y Washington). En las páginas 219-220 dice:

"Aunque quizá sea difícil para algunos, es impor-tante reconocer la naturaleza religiosa de la configuración política comunista-sionista-católica. En los pronunciamientos públicos se omite deliberadamente, pero tras el estandarte sionista se halla la antigua esperanza mesiánica respecto a la venida de una teocracia global, como predijeron los videntes y profetas de Sión. Sería una teocracia en la que Jehová —no Cristo— sería el Rey.

"El espectro de la creación de esa teocracia ha perseguido a la iglesia católica desde sus inicios, y aún es un temor dominante.

"Por tanto, a los ojos del Vaticano, el anhelo milenario de una teocracia hebrea global representa

> una amenaza mortal para las enseñanzas escatológicas de la Iglesia Católica. Cuando se traduce a términos políticos concretos, ese punto de vista significa no sólo rivalidad, sino enemistad implacable".

Un periódico agrega aun mayor credibilidad a las afirmaciones de Rivera. El periódico **West Australian** de Perth —al que nadie acusaría de ser anticatólico—, en la página 75 de la edición del 4 de diciembre de 1985, publicó el artículo **"Prelate: Too Soon to Ask Forgiveness"** (Prelado: Es muy pronto para pedir perdón).

El artículo dice en una parte:

> "Sería prematuro para la iglesia católica pedir perdón a los judíos por los siglos de persecución, declaró ayer un cardenal del Vaticano. Un grupo de italianos recientemente firmó una petición solicitando al Sínodo de Obispos que publicara una declaración pidiendo perdón a los judíos".

Aunque han pasado 40 años desde que los últimos judíos fueron torturados y masacrados en los campos de concentración, por líderes de la llamada "santa iglesia madre", este periódico reconoce que aún es muy pronto para que la Iglesia Católica espere ser perdonada por sus crímenes abominables.

Vayamos ahora al libro de Andrew Sinclair, **The Great Silence Conspiracy** (La gran conspiración del silencio).

En la página 8 cita un párrafo de la **Enciclopedia Británica**, 11a. edición, tomo II, página 37:

> "Por supuesto, la Iglesia Católica Romana siempre ha sido la fuente del antisemitismo. En la Rusia católica griega y zarista casi se desconocía el antisemitismo, hasta después de las divisiones de Polonia en 1772 y 1795. El antisemitismo ruso se recibió de la Polonia católica romana. La "Santa Inquisición" española se fundó para destruir a los judíos que vivían en España".

¿Tenemos que incluir más citas para demostrar que lo que Rivera y Chick dicen hoy es ampliamente verificado por escritores de épocas pasadas?

- - - - - - - - -

Acusación No. 6:

El Dr. Rivera está equivocado al asociar a los jesuitas con la instigación de la Primera Guerra Mundial.

Respuesta: La siguiente declaración aparece en la página 63 del libro de F. Paul Peterson, **Peter's Tomb Recently Discovered** (La tumba de Pedro recientemente descubierta):

> "De hecho, a través de los siglos, los papas han

> estado en la mayoría de las guerras en Europa, si no en todas, o las han instigado".

En el libro **The Vatican Against Europe** (El Vaticano contra Europa), por Edmond Paris, leemos lo siguiente:

> "El papa Pío X, por su odio contra los cristianos ortodoxos, incitaba continuamente al emperador Francisco José de Austria-Hungría para que 'castigara a los serbios'. Después de lo que aconteció en Sarajevo el 26 de julio de 1914, el barón Ritter, representante bávaro de la Santa Sede, le escribió a su gobierno: 'El papa aprueba el duro trato contra Serbia. No tiene muy buena opinión de los ejércitos de Rusia y Francia en caso de una guerra contra Alemania. El cardenal secretario de estado no ve cuándo Austria podría hacer guerra si no se decide a hacerlo ahora...'
>
> "Allí está al descubierto el Vicario de Cristo, el gentil apóstol de la paz, el santo pontífice, de quien los autores religiosos dicen que murió de dolor cuando estalló la guerra".

En la página 47 del mismo libro leemos:

> "Así se prueba que Pío X y su secretario de estado, al animar al emperador más católico a declarar la guerra, contemplaron fríamente las consecuencias de su acto: un conflicto general que pondría a los

imperios de Europa central en enemistad contra Francia y Rusia.

"Creían haber calculado con precisión el poder de las diferentes fuerzas involucradas. Pero, lo que Su Santidad y su cómplice no previeron fue la participación de Inglaterra en la guerra, y finalmente la de todo el mundo anglosajón; tal participación arruinó sus planes, benefició a Francia y liberó a las poblaciones ortodoxas del yugo vienés.

"Sin duda, la responsabilidad por el crimen es enorme porque durante cuatro años arrojaron al osario los cadáveres de millones de cristianos, a lo mejor de la juventud europea; y el crimen es aún más abominable porque fue totalmente premeditado.

"Se podría decir, específicamente, que en 1914 la iglesia romana inició una serie infernal de guerras. Fue entonces cuando el tributo de sangre —que ella ha obtenido siempre de la gente— empezó a convertirse en un verdadero torrente".

El libro antes citado, y otros, están llenos de pruebas que demuestran la veracidad de las declaraciones hechas por Alberto Rivera. La publicación más reciente, **La Historia Secreta de los Jesuitas,** por Edmond Paris, menciona también datos similares.

En la obra **Fifty Years in the "Church" of Rome** (50 años

Estas son algunas de las últimas fotografías del Dr. Rivera cuando era director de la Escuela Parroquial en San Lorenzo, Tarrasa, España.

en la "iglesia" de Roma), por Charles Chiniquy, publicada por Chick Publications Inc., leemos hechos similares. En la página 296, vemos que Abraham Lincoln concordaba con Alberto Rivera. Lincoln dijo:

> "Esta guerra (la Guerra Civil Americana) nunca habría sido posible sin la siniestra influencia de los jesuitas. Gracias al papismo vemos ahora nuestra tierra enrojecida con la sangre de sus más nobles hijos. Aunque existían grandes diferencias de opinión entre el sur y el norte respecto a la esclavitud, ni Jeff Davis ni ninguno de los líderes de la Confederación hubiera osado atacar al norte si no hubieran confiado en las promesas de los jesuitas de que, bajo la máscara de la democracia, el dinero y las armas de los católicos romanos, aun las armas de Francia, estarían a su disposición si nos atacaban".

La historia misma da testimonio de que la sangre de multitudes inocentes gotea de las manos siniestras de Roma. Rivera tiene la razón. Los jesuitas influyeron para que estallara la Primera Guerra Mundial, tal como sostiene Rivera.

- - - - - - - - -

Acusación No. 7:

El Dr. Rivera está equivocado al decir que los jesuitas instigaron la Revolución Rusa y ayudaron a Marx, Engels, Trotsky, Lenin y Stalin a establecer el comunismo para destruir a la Iglesia Ortodoxa.

Respuesta: Es innegable que intereses externos instigaron la Revolución Rusa. Sin ayuda externa, ningún movimiento del pueblo podría vencer a un ejército moderno. Ya pasaron los tiempos de Robin Hood, cuando unos cuantos rebeldes podían causar problemas a un ejército bien entrenado.

Hoy, toda fuerza rebelde que desee vencer, tiene que contar con un gran número de armas modernas. El problema es obtenerlas. No pueden fabricarlas; tampoco es posible conseguir suficientes armas del enemigo.

Vietnam y Afganistán son ejemplos modernos de lo que afirmamos. En Vietnam, los comunistas vencieron sólo porque Rusia enviaba cargamentos masivos de armamento a los puertos de Vietnam del Norte. Las fuerzas anticomunistas en Afganistán no pueden tener éxito sin alguna ayuda de afuera.

Eso ocurrió en 1917. Sin ayuda externa, la Revolución Comunista se hubiera desvanecido rápidamente. **Wall Street and the Bolshevik Revolution** (Wall Street y la revolución bolchevique), el bien documentado libro por Anthony Sutton, muestra cómo se transfirió a Rusia dinero de bancos alemanes y americanos, a través de bancos suecos, para que lo usaran los bolcheviques.

La pregunta es: ¿Cuáles eran los poderes interesados en el movimiento comunista que podían enviar grandes sumas de dinero y suficientes armas para ayudarlos a vencer? La respuesta está en la página 76 de **National Suicide** (Suicidio nacional), por A. Sutton. La explicación general es que el gobierno alemán deseaba ayudar para que los bolcheviques llegaran al poder y pusieran fin a la guerra.

Podríamos decir mucho más al respecto, pero las limitaciones de esta obra no lo permiten. Las afirmaciones de Rivera acerca de la fuerza secreta que apoyó al movimiento bolchevique —que tienen más sentido que muchas otras— son confirmadas por Avro Manhattan en **The Vatican Billions** (Los billones del Vaticano). En las páginas 124-125 escribe lo siguiente:

> "El derrocamiento del sistema zarista, inevitablemente produjo la destrucción de la Iglesia Ortodoxa establecida. Para el Vaticano, que había luchado contra esta iglesia desde el siglo 11, la caída de su milenaria rival fue un triunfo increíble. Así, la maldad del bolchevismo fue aceptada porque había destruido a la Iglesia Ortodoxa. Sin embargo, había una condición: debía dar libertad a la Iglesia Católica para culminar la tarea de eliminar la ortodoxia en Rusia de una vez y para siempre.

> "El trato fue aceptado; por tanto, mientras el Vaticano hacía airadas declaraciones contra el bolchevismo, los bolcheviques del Kremlin y los diplomáticos del Vaticano en Roma iniciaron negociaciones secretas. Lenin se puso de acuerdo con el papa. Se establecieron las maquinarias. Las comisiones papales —dirigidas algunas por prelados de los Estados Unidos— fueron enviadas a la Rusia bolchevique, disfrazadas como comisiones de alivio contra el hambre y otros nombres similares.
>
> "En Roma, y en todas partes, a los sacerdotes católicos les dieron instrucción acelerada sobre la teología y el ritual ortodoxo ruso. Se trazaron planes grandiosos para dominar totalmente a la Iglesia Ortodoxa, incluyendo demandas para apoderarse de sus riquezas y tierras cuando el catolicismo tomara el control".

Podría decirse que el trato fracasó debido a la astucia de Lenin, quien finalmente vio los verdaderos motivos del Vaticano. Al leer los capítulos completos de los libros antes mencionados, además de **Wall Street and the Bolshevik Revolution** (Wall Street y la revolución bolchevique), puede verse un panorama muy cercano a lo dicho por Rivera: que los jesuitas realmente instigaron la Revolución Rusa.

- - - - - - - - - -

Acusación No. 8:

Es erróneo afirmar que los jesuitas escribieron el libro de Hitler "Mein Kampf" (Mi lucha), como parte del plan maestro para que él dominara a Alemania.

Respuesta: Rivera no es el único que lo cree. Andrew Sinclair, en la página 9 de **The Great Silence Conspiracy** (La gran conspiración del silencio), dice:

> "¿Quién escribió **Mein Kampf?** Supuestamente Hitler escribió **Mein Kampf**, la biblia nazi; pero Otto Strasser sostiene en **Hitler and I** (Hitler y yo) que **Mein Kampf** fue escrito por un sacerdote católico romano, el padre Bernhardt Stempfle, basado en notas provistas por Hitler. Otto Strasser, que era católico romano, fue uno de los fundadores del Partido Nazi; Stempfle, conocido antisemita, era miembro de la orden católica romana de San Jerónimo".

Encontramos la misma enseñanza en **La Historia Secreta de los Jesuitas**, por Edmond Paris. En la página 138, leemos:

> "El Fuhrer había subido al poder gracias a los votos del Centro Católico sólo cinco años antes, pero la mayoría de los objetivos revelados cínicamente en '**Mein Kampf**' (Mi lucha) ya se habían realizado. Este libro, un desafío insolente a las democracias

> occidentales, fue escrito por el jesuita Staempfle y firmado por Hitler. Aunque muchos lo ignoran, la Sociedad de Jesús fue la que perfeccionó el famoso programa pangermanista que se presentó en esa obra, y el Fuhrer lo apoyó".

De la pluma de dos fuentes externas confiables recibimos la misma afirmación que hace Rivera. Vemos una vez más que no se trata de la declaración absurda de una sola persona. Es historia de conocimiento común, disponible para todo aquel que desee estudiarla y conocer los datos.

- - - - - - - - -

Acusación No. 9:

Es erróneo inferir que los jesuitas iniciaron una nueva inquisición y que, al llevar al poder a Mussolini, a Hitler y a Franco, continuaron sus esfuerzos para aniquilar a los judíos.

Respuesta: En la página 15 de **The Vatican Against Europe** (El Vaticano contra Europa), por Edmond Paris, leemos:

> "En 1922 el papa Pío XI se puso la tiara. El papado había perdido la primera guerra; estaba a punto de

preparar la segunda. ¿Qué sucedió en Europa entre las dos masacres? En Italia se realizaron negociaciones secretas entre agentes del papa y Mussolini, 'el hombre de la providencia'. El sacerdote Don Sturzo, líder del Grupo Católico, hizo que se rindieran al dominio del Duce en noviembre de 1922. Luego siguieron el Tratado Lateranense para sellar la unión del fascismo y el papado, la conquista de Etiopía —con la bendición del clero— y, el Viernes Santo de 1939, el ataque contra Albania.

"En Alemania, el monseñor Pacelli, nuncio papal en Berlín, y Franz Von Papen, chambelán privado del papa, defendieron la 'unión con Roma' y dirigieron sus esfuerzos para lograr la caída de la República de Weimar. Los católicos alemanes eran hostiles hacia el nazismo, pero se les informó que el papa estaba 'dispuesto a apoyar a Hitler'. En consecuencia, el 30 de enero de 1933, el Centro Católico —eje de todas las mayorías parlamentarias— aprobó rendirse al control total de Hitler.

"Tras esta operación, tal como ocurrió en Italia, se llevó a cabo un Concordato muy ventajoso para la iglesia romana. El episcopado alemán juró lealtad al Fuhrer, y las organizaciones juveniles católicas se unieron con las del partido nazi... En España hubo apariciones de la Virgen en distintos lugares, y las imágenes de Cristo derramaban lágrimas. Estas eran

> señales incuestionables de que la República y su régimen impío no durarían mucho tiempo más.
>
> “El 31 de marzo de 1934 se firmó el Pacto de Roma, y se prometió apoyo a Mussolini y a Hitler para la rebelión. La ‘guerra santa’ estalló. En 1937, en medio de la guerra, el Vaticano reconoció la legalidad del gobierno de Franco, su brazo militar, quien después sería condecorado con la Orden Suprema de Cristo. ‘¡Benditas sean las armas si, después de usarlas, el evangelio florece!’ Pronto la Acción Católica extendería su tiranía a través del país en ruinas. ¡Pax Christi! (¡La paz de Cristo!)”.

En la página 96 del mismo libro vemos una declaración del nuncio apostólico Franz Von Papen, es decir, el brazo secular del papa Pío XI. Bajo el título “Católicos y Socialistas Cristianos Votan por la Dictadura de Hitler”, Von Papen escribe:

> “En la noche del 30 de enero de 1933, fecha en que se constituyó el gabinete, yo estaba parado detrás de Hitler en el balcón de la nueva cancillería. Observábamos una procesión interminable, centenares de miles de hombres que, con antorchas en la mano, marchaban frente a Hindenburg y el Fuhrer. El rostro de Hitler mostraba su emoción, y cuando dio vuelta para hablarme, había un sollozo en su voz. ‘Herr von Papen, ¡qué tremenda tarea hemos asumido!’

> "Me alegró poder coincidir... Luego me dijo: 'Usted es soldado, Herr von Papen; por tanto, sabe que uno debe marchar siempre con los batallones más numerosos y fuertes. Si usted y yo marchamos juntos, ¡se nos asegura obtener una mayoría y, en consecuencia, el éxito!'"

Realmente Hitler marchó con los batallones más fuertes. ¡Lo hizo como romanista en un ejército católico romano! Podríamos obtener mucha más información valiosa de los libros de Paris, pero nos dirigiremos a otro autor que también corroborará a Rivera.

Veamos **Peter's Tomb Recently Discovered in Jerusalem** (La tumba de Pedro recientemente descubierta en Jerusalén), por F. Paul Peterson. En la página 63 de la cuarta edición, 1971, dice:

> "Pero algunos dirán que el catolicismo cree en Dios. ¿Cómo pueden creer realmente en Dios y asesinar a 69 millones de personas, y aun hoy seguir matando a cristianos en México, Colombia y España?
>
> "Incluso Hitler era católico, al igual que todos sus generales y consejeros. ¿Alguna vez el papa excomulgó a Hitler o a alguno de sus generales por estos crímenes? ¡Jamás! En realidad, como escribí en **The Rise and Fall of the Roman Catholic Church** (El crecimiento y la caída de la Iglesia Católica Romana), el papa estuvo en la Segunda

> Guerra Mundial tanto como Hitler y el católico Mussolini; por tanto, es igualmente culpable de la muerte de seis millones de judíos. De hecho, a través de los siglos, los papas han estado en la mayoría de las guerras en Europa, si no en todas, o las han instigado".

Demos otra mirada a **The Vatican Moscow Washington Alliance** (La alianza del Vaticano, Moscú y Washington) por Avro Manhattan. En el capítulo "La esvástica y la tiara triple" leemos:

> "En 1929, el gobierno fascista de Italia y el Vaticano firmaron el Tratado Lateranense, y Mussolini concedió a la iglesia los privilegios extraordinarios que había solicitado. A todos los obispos italianos se les exigió que hicieran un juramento de lealtad al Duce (artículo 20 del Concordato). La iglesia había dado la espalda al socialismo, tanto al marxista o al claramente católico, uniéndose a las fuerzas políticas anticomunistas de Europa.
>
> "La más fuerte y poderosa de éstas fue el nazismo. El Vaticano ayudó a Hitler a obtener el poder, y luego lo ayudó a consolidar el control sobre Alemania. Esto se logró, en parte, 'aconsejando' al Partido Católico de Alemania que votara por los candidatos nazis.
>
> "Los votos católicos le dieron a Hitler la mayoría

que necesitaba para formar legalmente un gobierno en 1933. Además, a los miembros católicos del Parlamento Reichstag, el Vaticano les ordenó que apoyaran la legislación para darle a Hitler la facultad de gobernar por decreto. Esta medida le dio a Hitler el poder dictatorial que necesitaba para destruir a los comunistas alemanes.

"Después de aprobarse la ley, el Vaticano ordenó al Partido Católico Alemán que se disolviera, tal como se lo ordenó al partido italiano en 1927. Respondiendo a la orden del Vaticano, el Partido Católico Alemán se desmovilizó en el verano de 1933.

"Toda la negociación entre el Vaticano y Hitler se había realizado en secreto, antes que éste fuera canciller de Alemania en enero de 1933. En junio de ese año, Hitler y el Vaticano firmaron un Concordato, bajo cuyos términos la iglesia juró lealtad al régimen nazi. Estas fueron las palabras: 'Juro y prometo respetar al gobierno nazi legalmente constituido. Me esforzaré para evitar todo acto perjudicial que pudiera ponerlo en peligro' (Artículo 16 del Concordato).

"'Poco después el católico Franz Von Papen, segundo en autoridad después de Hitler, resumió con estas palabras la esencia de la alianza entre Hitler y el Vaticano: 'El Tercer Reich —dijo él— es el primer poder que no sólo reconoce, sino que pone

I. C. A.

SANTA BIBLIA

LUCHANDO POR LA FE

Centro de Información sobre el Anticristo
P.O. Box 179, Canoga Park, CA 91305

30 de enero de 1980

A quien corresponda:

Se me ha solicitado que haga una declaración respecto a la validez del relato sobre la historia de mi vida en el libro "Alberto", publicado por Chick Publications, Inc.

"Alberto" es un relato real y verdadero, y estoy dispuesto a comparecer ante un juzgado para probar que los eventos en verdad ocurrieron. Por la presente, desafío a cualquiera que refute los hechos y la información de este libro o que trate de probar que son falsos. Defenderé cada afirmación hecha, a pesar de la vergüenza que pueda causar a alguna persona o a la iglesia.

Atentamente,

Alberto M. R. Rivera, D.T.

UNA ORGANIZACIÓN CRISTIANA INDEPENDIENTE Y SIN FINES DE LUCRO

El atalaya de la fe cristiana para informarle de las obras proféticas del anticristo en preparación para la boda con su novia, la ramera y madre de rameras. (Ap. 6; 13; 17)

> en práctica los elevados principios del papado' (**Der Volkischer Beobachter,** enero de 1934)".

Basándome en **The Great Silence Conspiracy** (La gran conspiración del silencio), por Andrew Sinclair, permítaseme ahora probar que tanto Rivera como Chick tienen la razón en sus declaraciones.

En la página 7 de ese libro se plantea esta pregunta: "¿Era Hitler católico romano?" Hitler —que era austríaco, no alemán— fue producto de una "educación" católica romana. Sus padres eran parientes tan cercanos que necesitaron una dispensa episcopal para casarse. Él nació en el Hotel Zum Pommer en Braunau, Austria, el 20 de abril de 1889. Nació, fue bautizado y criado como católico romano.

El Dr. Henry Picker, autor de **The Hitler Phenomenon** (El fenómeno Hitler —traducido al inglés y publicado en 1974), se unió al círculo de amigos íntimos de Hitler en 1942. En la página 8 de su libro, Picker dice:

> Hitler "nunca abandonó la iglesia, siempre cumplió su responsabilidad hacia ella puntualmente... Desde niño, cuando cantaba en el coro del Convento de Lambach, admiró a la Iglesia Católica con su organización, sus ceremonias, símbolos y estandartes, y los copió para su ministerio temporal hasta en los más mínimos detalles".

En la misma página se plantea y responde otra pregunta interesante:

> "¿Dónde se fundó el Partido Nazi? Se fundó en la Baviera *católica romana* (énfasis indicado con itálicas en el original), el Eire de Alemania; su sede estaba en Munich, el Dublin de Alemania".

Volvamos ahora al libro de Sinclair, en la página 10:

> "Cuando Hitler llegó a ser canciller, ¿quién era el vicecanciller? El barón Konstantin Von Neurath, católico romano, era el primer Ministro de Relaciones Exteriores de Hitler".

Al avanzar a la página 11, leemos:

> "¿Quién fue el principal propagandista nazi? El mentiroso No. 1 del Partido Nazi, el Ministro de Propaganda Nazi, director de prensa, radio, teatro, etc., fue el Dr. P. J. Goebbels, que también era católico romano. El duque de Baviera, Konstantin, católico romano, dijo en su libro **The Pope** (El papa), página 77, que Goebbels 'recibió una educación jesuita, estudió en una academia en la Renania católica, y recibió beca de una institución católica para su capacitación'".

Luego, Sinclair dice:

> "Goebbels fue entrenado por los mentirosos más descarados del mundo".

Citaremos ahora de la página 15 de la misma fuente:

> "¿Era Bormann católico romano? La obra teatral EL VICARIO, por Rolf Huchhuth, no es ficción; es preciso históricamente como cualquier otro libro de historia. En la edición de la obra para los Estados Unidos, Huchhuth provee 66 páginas de documentación. Por mucho tiempo se ha sabido que Goebbels estudió para el sacerdocio. El fascista austríaco Dollfuss también se preparó para ser sacerdote. Pero Rolf Huchhuth dice: 'Hitler, Goebbels, Bormann, Kaltenbrunner, Hoess... estudiaron para ser sacerdotes-matones".

Por tanto, Rivera no se equivocó. Dijo la verdad, como lo confirman muchas fuentes acreditadas. No obstante, debemos reconocer que entendemos por qué la Iglesia Católica Romana está tan indignada por la revelación de estos hechos históricos por parte de Rivera.

- - - - - - - - -

Acusación No. 10:

Es erróneo afirmar que los campos de la muerte eran administrados por sacerdotes y monjes católicos romanos, y que éstos seguían las reglas de la Inquisición para interrogar a los herejes.

Respuesta:

> "Hitler mismo decía a menudo que su mentor en cuanto al antisemitismo era el guía laico del catolicismo romano en Austria, el Dr. Karl Lueger, burgomaestre de Viena y líder del Partido Social Cristiano".

En la página 11 de **El Fenómeno Hitler** leemos:

> "¿Quiénes fueron los principales asesinos nazis? Himmler, líder de la Gestapo; Heydrich, su mano derecha; Kaltenbrunner, que sucedió a Heydrich; Mueller y Frank, y todos nacieron y crecieron católicos romanos.
>
> "Hoess, comandante del infame campo de concentración de Auschwitz, también era católico romano. El primer campo de concentración fue organizado por Himmler en Dachau, Munich.
>
> "Heinrich Himmler tenía un tío que era sacerdote jesuita. Este jesuita —¿el director Himmler?— fue arrestado al terminar la guerra pero no fue juzgado. Una mañana lo hallaron muerto en su celda. Himmler, al igual que Goering, escapó del cadalso por medio del suicidio, o eso se pensó".

Charles Wighton, autor de la biografía de **Heydrich**, en la página 26 escribe:

> "Contrario a la creencia general de que Heydrich era protestante, del norte de Alemania, él nació católico romano como la mayoría de los líderes nazis. El verdugo Heydrich nació, fue bautizado y criado como católico romano en Halle. Su padre, que había sido protestante, cambió de religión al casarse con la acaudalada madre de Heydrich".

Es fácil entender y creer estos datos, en especial para los protestantes que conocen los actos crueles y sangrientos del catolicismo. Mucho de lo que dice Sinclair en su libro es verificado por otras fuentes confiables, tales como **La Historia Secreta de los Jesuitas.**

Sin embargo, para que no se nos acuse de usar un solo recurso, mostraremos también otras fuentes para probar la validez de las afirmaciones de Rivera.

En las páginas 240-241 de **El Vaticano Contra Europa**, leemos:

> "Respecto a Francia, no nos es difícil creer que la situación de los judíos, determinada por el gobierno, fue aprobada por el Vaticano. Al respecto, León Poliakov nos da el extracto de un mensaje del embajador a la Santa Sede, León Berard, a Marshal Petain: 'Declaré que, en el Vaticano, nunca me dijeron algo que pudiera interpretarse como crítica o desaprobación de parte de la Santa Sede acerca de esos actos legislativos y regulativos'. Y agrega:

> 'La propuesta para una acción unida, formulada por la Iglesia Protestante de Francia en la época de los ataques (persecución de los judíos) en el verano de 1942, fue rechazada por los dignatarios de la iglesia católica'".

Luego, el autor describe cómo miles de niños judíos fueron arrestados y enviados a los campos de la muerte. Concluye esa sección en la página 241 con estas palabras:

> "Esto muestra claramente que estos arrestos estaban sujetos a la decisión del gobierno de Vichy. Ahora bien, vimos que este gobierno no hizo decisión alguna al respecto sin el consentimiento de la Curia romana. ¿Es necesario recalcar la conclusión obvia?"

En las páginas 238-239 del mismo libro vemos que la campaña nazi en Rusia fue una cruzada moderna, preparada para convertir o castigar a los herejes como lo hacía la Inquisición.

La conversión de Rusia, que Roma había esperado lograr mediante la Revolución Bolchevique, ahora se intentaría usando a un ejército extranjero.

> "El conde Halke Von Ledochowski, el general jesuita, estaba dispuesto a organizar —sobre la base común del anticomunismo— cierto grado de colaboración entre el Servicio Secreto Alemán y la Orden Jesuita...

Testimonios de ex miembros del clero católico

Robert V. Julien
(Ex misionero Maryknoll)

"Como ex sacerdote, considero al Dr. Rivera como un amado hermano en Cristo. Su testimonio es verdadero y él ama genuinamente a los católicos. Les dice la verdad, arriesgándose a ser objeto de su ira o perder la vida para que ellos puedan ser salvos".

Donna Eubanks
(Ex monja superiora)

"Después de haber sido monja por 23 años con las Hermanas de San José, ahora soy una cristiana verdadera por la gracia de Dios. En base a lo que conocí personalmente, puedo afirmar que el Dr. Rivera dice la verdad acerca del sistema católico romano".

Clark Butterfield
(Ex sacerdote)

"Después de leer ALBERTO, comprendí que no soy el único que, como ex sacerdote, desea llevar el mensaje de salvación a los millones de cautivos del sistema católico romano. Es un honor estar asociado con el ministerio del Dr. Rivera".

"Von Ledochowski consideraba que era inevitable el enfrentamiento bélico entre Rusia y Alemania... Y el diario "Baseler Nachrichten" (27 de marzo de 1942) no titubeó en escribir: 'Como resultado de la actividad alemana en Rusia, un asunto de suma importancia para el Vaticano es la evangelización de Rusia'.

"Esto lo confirma el padre Duclos en un libro aprobado por el Imprimatur: 'Durante el verano de 1941, Hitler apeló a todas las fuerzas cristianas... (él) autorizó a los misioneros católicos para que fueran a los nuevos territorios del este...

"Tampoco se ha olvidado que, en Francia, el monseñor Mayol de Luppe reclutó a la LVF [sigla para Legión de Voluntarios Franceses] para la cruzada contra Rusia'".

- - - - - - - - -

Acusación No. 11:

Es erróneo inferir que los jesuitas formaron y dirigieron los temidos escuadrones Ustashis de la muerte en Yugoslavia.

Respuesta: Respecto a la persecución del catolicismo contra los herejes en Yugoslavia, tenemos tanto material que es difícil decidir cuáles citar y cuáles dejar de lado.

Empezaré con el libro **Ravening Wolves** (Lobos voraces), por Mónica Farrell, una católica romana que se convirtió. En la carátula leemos:

> "Este es el informe de torturas y crímenes cometidos en Europa en 1941-1943 por un ejército de Accionistas Católicos conocidos como Ustashi, dirigidos por monjes y sacerdotes, incluso con la participación de monjas. Las víctimas sufrieron y murieron por la causa de la libertad de conciencia y el derecho de ser libres. Lo menos que podemos hacer es leer el informe de sus sufrimientos, teniendo en cuenta que no ocurrió en la edad del oscurantismo, sino en nuestra generación ILUMINADA. Ustashi es otro nombre dado a la Acción Católica".

En vez de citar descripciones de las horrendas masacres, de las cuales está lleno el libro, mencionaré evidencias contra la Institución Católica.

> "Más pruebas aún se encuentran en el informe de siete ministros protestantes prominentes, quienes viajaron de los Estados Unidos a Yugoslavia para investigar y presentar un reporte a sus compatriotas. Estos siete investigadores fueron: Dr. G. E. Shipler, editor de **The Churchman,** episcopal; Dr. E.

S. Burke, editor de **Zion's Herald** de Boston, metodista; Dr. G. W. Buckner, Jr., editor de **World Call** de Indianápolis, discípulo de Cristo; Dr. P. P. Elliott, Primera Iglesia Presbiteriana de Brooklyn; Dr. S. Trexler, ex presidente del Sínodo Luterano de Nueva York; Rdo. C. Williams, director del Instituto de Religión Aplicada, Birmingham, Alabama; Rdo. W. H. Melish, Iglesia de la Santa Trinidad, episcopal".

En su informe dijeron:

"Entre los documentos que examinamos había un gran número de diarios y publicaciones periódicas católicas romanas oficiales, relatando francamente la historia, mes a mes, de la colaboración del arzobispo (es decir, Stepinac, que era el prelado de la Iglesia Católica en Yugoslavia) con las fuerzas nazis. Es obvio que registraron abiertamente tal colaboración porque estaban seguros de que Alemania ganaría la guerra.

"Los documentos mostraban que cuando los italianos y alemanes invadieron Yugoslavia, grupos clandestinos de laicos católicos romanos previamente organizados, que adoptaron el nombre de "Cruzados" y que recibieron la ayuda de sacerdotes y monjes militantes, salieron para recibir a los invasores...

"Pavelic y Kuaternik, con la ayuda de sus soldados

> alemanes e italianos y los 'Cruzados', procedieron a llevar a cabo el programa racial patrocinado por los alemanes. Este programa abogaba por la solidificación de una comunidad croata, eliminando minorías tales como los judíos y gitanos, reduciendo el número de habitantes serbios en Croacia, y forzando a los que quedaran a convertirse en católicos romanos.
>
> "Casi 70,000 de los 80,000 judíos en todo el país fueron asesinados o forzados a huir, y se confiscaron sus propiedades. 240,000 serbios se hicieron católicos romanos bizantinos en conversiones forzadas bajo amenaza de muerte. A los que rehusaban, les disparaban o los apuñalaban, y arrojaban sus cuerpos en tumbas masivas, las que después fueron halladas y abiertas.
>
> "Vimos centenares de declaraciones juradas que daban testimonio de estos crímenes, presentadas por parientes o testigos, y en algunos casos, por sobrevivientes. Las propiedades de la iglesia serbia fueron confiscadas y entregadas a parroquias y conventos católicos romanos... En total, en la lucha en Yugoslavia perecieron 1'700,000 hombres, mujeres y niños".

Podría citar muchos otros pasajes de este excelente libro, escrito por un verdadero santo de Dios, que confirman lo que dicen Alberto Rivera y Jack Chick.

Concluiremos refiriéndonos a la bien documentada obra **Holocaust in the Independent State of Croatia** (Holocausto en el estado independiente de Croacia —Chicago: Liberty, 1981), por el Dr. Lazo M. Kostich:

> "En su informe del 24 de septiembre de 1941 al Ministro de Relaciones Exteriores de Ribbentrop en Berlín, el Dr. Gerstenmeir relató: 'Los círculos ortodoxos en Serbia están profundamente indignados por la conducta de Croacia. Los Ustashi han forzado a miles de serbios en Croacia a aceptar la fe católica. A los ortodoxos que se opusieron les cortaron la garganta en forma masiva (literalmente), o confiscaron sus propiedades y fueron expulsados sin ninguna de sus posesiones'".

En la página 18 leemos:

> "La expulsión masiva o la conversión obligada de los ortodoxos al catolicismo romano estaban en la agenda. Todas las medidas para eliminar a los serbios que vivían en Croacia se realizaron bajo el lema proclamado por uno de los ministros croatas: 'Mataremos al primer tercio de los serbios, expulsaremos del país al segundo tercio, y al último, lo forzaremos a aceptar la fe católica, tras lo cual serán absorbidos por el elemento católico'. Por tanto, los círculos alemanes oficiales presentes en Croacia en aquel tiempo admiten que:

- La masacre de cientos de miles de serbios ocurrió.
- La política croata oficial era hacer que los serbios desaparecieran de Croacia. En una palabra: genocidio".

Muchos de los datos antes dados son confirmados en dos libros: **Ustashi Under the Southern Cross** (Ustashi bajo la cruz del sur), por M. Jurjevic (publicado por él mismo); y **This Is Artukovic** (Este es Artukovic), una obra muy bien documentada e impresa en Australia por Covenanter Press for Protestant Publications.

Describiré ahora algunas fotografías incluidas en el libro de Kostich.

Página 262: Tres cadáveres; uno es de una mujer asesinada por el Ustashi católico.

Página 263: Los Ustashi cargando la cabeza de un sacerdote ortodoxo serbio.

Página 264: (Arriba) Un campesino cava su propia tumba. Miembros sádicos del Ustashi le muestran el cuchillo con el que lo matarán. (Abajo) Después de realizado el trabajo.

Página 267: Un Ustashi sonríe sádicamente mientras corta con hacha la cabeza de un hombre.

Página 267: El líder del S.S. croata, el asesino Pavelic, parado entre el clero católico croata en abril de 1942.

Certificación Oficial

Esta es copia de la última certificación oficial otorgada a Alberto Rivera poco antes que saliera de España en 1967. Recibió copias en español e inglés.

ARZOBISPADO
DE
MADRID-ALCALA
CANCILLERIA - SECRETARIA

Su Excelencia Reverendisima, el Señor Obispo Auxiliar y Vicario General de este Arzobispado, ha tenido a bien autorizar a

D. Alberto Rivera Romero

Sacerdote que reside en esta Arbidiócesis, para que pueda salir al extranjero por motivos de su ministerio

Madrid, 14 *de* septiembre *de 196*7

EL CANCILLER - SECRETARIO,

ESPAÑOL

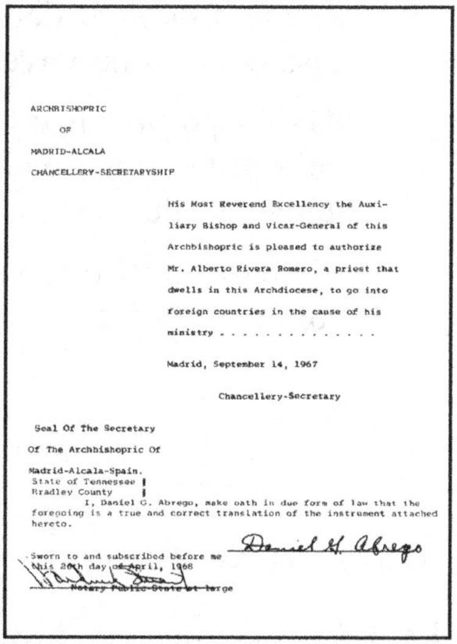

ARCHBISHOPRIC
OF
MADRID-ALCALA
CHANCELLERY-SECRETARYSHIP

His Most Reverend Excellency the Auxiliary Bishop and Vicar-General of this Archbishopric is pleased to authorize Mr. Alberto Rivera Romero, a priest that dwells in this Archdiocese, to go into foreign countries in the cause of his ministry . . . .

Madrid, September 14, 1967

Chancellery-Secretary

Seal Of The Secretary
Of The Archbishopric Of
Madrid-Alcala-Spain.

State of Tennessee
Bradley County

I, Daniel G. Abrego, make oath in due form of law that the foregoing is a true and correct translation of the instrument attached hereto.

Daniel G. Abrego

Sworn to and subscribed before me this 26th day of April, 1968

Notary Public-State at large

INGLÉS

Página 277: Pavelic, líder de los Ustashi, entre monjes franciscanos croatas.

Página 278: El franciscano Filipovic como sacerdote, y en la otra foto, vistiendo el uniforme Ustashi, como comandante del campo de concentración de Jasenovac.

Ahora describiremos algunas fotografías de **El Vaticano Contra Europa.** En las páginas 224-225 hay fotografías que muestran:

1. Reunión familiar del legado papal Marcone en la casa del asesino Pavelic.
2. Arzobispo Stepinac y el legado papal Marcone en un desfile militar en Zagreb, rodeados por oficiales italianos, alemanes y Ustashi.
3. El clero católico romano "bendiciendo" la bandera con la esvástica.

- - - - - - - - -

Acusación No. 12:

Es falso: 1) que los jesuitas prepararon una quinta columna en naciones aliadas (no del Eje); y 2) que prepararon células de comando secretas en los E.U.A.

Respuesta: En la página 265 de **La alianza del Vaticano, Moscú y Washington**, Avro Manhattan dice:

> "Hablar de quintas columnas suena discriminatorio. Sin embargo, una generación atrás, las minorías católicas ayudaron a destruir a la Europa democrática. Lo hicieron cooperando con Hitler".

En la página 266 del mismo libro leemos:

> "Y, ¿quiénes estaban dentro de los Caballos de Troya para ayudar a Hitler a derribar las estructuras políticas, y aun militares, de Bélgica y Francia? Una vez más vemos a líderes o grupos católicos, íntimamente conectados con las jerarquías y, por tanto, con el Vaticano y el papa Pío XII... En Francia vemos a un diplomático papal, Pierre Laval; a un general entrenado por jesuitas, Weygand; y a otro católico prominente, Marshal Petain... Si minorías católicas activas contribuyeron a la desintegración de la democracia europea, una minoría católica activa podría hacer lo mismo en los Estados Unidos".

Para confirmar los datos anteriores, puede leer las páginas 140-141 de **The Vatican Against Europe** (El Vaticano contra Europa). En la página 137 de **La Historia Secreta de los Jesuitas** hallará información sobre las "células de comando" secretas de los jesuitas en los Estados Unidos.

Una vez más comprobamos que las declaraciones de Rivera y Chick son ciertas. Damos gracias a Dios por aquellos que tienen la valentía de dar a conocer la verdad acerca de esta enemiga de la libertad y de la justicia cristiana: la Iglesia Católica Romana.

La Táctica

La mayoría de las acusaciones contra Alberto Rivera han sido ataques directos contra la integridad y validez de su afirmación de que fue jesuita católico romano, y de que sus experiencias fueron genuinas. Pueden describirse como destrucción de la reputación. Por lo general las personas la usan como un recurso desesperado, cuando no pueden refutar los hechos honestamente.

Quienes emplean este método para criticar al Dr. Rivera comienzan su serie de mentiras con afirmaciones tales como: "Una investigación detallada ha demostrado que..." A veces tratan de dar validez a sus declaraciones citando publicaciones "cristianas" ecuménicas que no desean ofender a la Iglesia Católica Romana.

El hecho de que Roma haya recurrido a ataques viles e implacables para tratar de destruir la reputación de Alberto Rivera, es una de las pruebas más seguras de que él ha dicho la verdad. Si sus declaraciones fueran falsas, la jerarquía católica lo hubiera demostrado hace años, y Rivera hubiera desaparecido como el sol en el ocaso. Como puede ver, la Iglesia Católica, con sus mismos actos, prueba que Rivera dice la verdad.

En los tiempos de Jesús, la multitud religiosa lo aborrecía porque denunciaba los pecados de ellos. Hoy, la multitud religiosa le despreciará si usted expone los hechos pecaminosos que cometen. Alberto Rivera es prueba de ello. Reflexione en este pasaje bíblico:

> "Porque todo el que hace lo malo aborrece la luz, y no viene a la luz, para que sus obras no sean reprobadas (examinadas)". Juan 3:20

Con razón han realizado una campaña tan agresiva para difamar al Dr. Rivera. ¿Quién ha lanzado más luz que él sobre las tinieblas malignas de Roma?

¿Quién miente?

Resulta interesante que la Iglesia Católica acuse al Dr. Rivera de mentir, porque cuando se trata de difundir falsedades, Roma está a la cabeza. ¿Cuánto se puede confiar en Roma cuando niega lo que dice Rivera? Nada en absoluto, especialmente si leemos el siguiente párrafo de la lección 17, "El amor y el servicio del hombre", de **The Catholic Religion** (La religión católica), publicado por The Catholic Enquiry Centre, Maroubra, N.S.W., 1979. Dice:

> "A veces es legal encubrir la verdad o parte de ella. Hay ocasiones cuando sería perjudicial para uno o para otros decir toda la verdad. No es pecaminoso hacer declaraciones ambiguas o reservas mentales en ciertos temas, como cuando una persona está bajo juramento para guardar secretos, o es interrogada

> por alguien que no tiene derecho a cierta información".

Roma, pues, dice que es permisible mentir cuando es de más provecho para sus propósitos; sin embargo, condena a Rivera al acusarlo de mentiroso. Además de actuar hipócritamente, la posición de Roma se burla de las Escrituras:

> "... todos los mentirosos, tendrán su parte en el lago que arde con fuego y azufre, que es la muerte segunda". Apocalipsis 21:8
>
> "Los **labios mentirosos** son abominación a Jehová; mas los obradores de verdad son su contentamiento". Proverbios 12:22
>
> "Seis cosas **aborrece** Jehová, y aun siete abomina su alma: los ojos altivos, **la lengua mentirosa**, las manos derramadoras de sangre inocente..." Proverbios 6:16-17

En base a la afirmación de Roma respecto a la mentira, pregunto otra vez: ¿cuánto podemos confiar en lo que ella dice acerca de Rivera? Es muy simple. Nada en absoluto.

La prueba de que la Iglesia Católica realmente cree que está permitido "encubrir la verdad", la vemos en sus numerosas doctrinas falsas y sin base bíblica. Veamos algunas:

1. Que María es Mediadora entre Dios y los hombres... es mentira (1 Timoteo 2:5).
2. Que María, la madre de Jesús, fue concebida sin pecado... es mentira (Romanos 3:23).
3. Que el sacerdote puede perdonar pecados... es mentira (1 Juan 1:9).
4. Que Pedro fue el primer papa... es mentira (Hechos 10:25-26).
5. Que el papa es infalible... es mentira (Romanos 3:23).
6. Que el dinero que se da a la iglesia puede ayudar a las almas después de la muerte... es mentira (Hebreos 9:27).
7. Que la salvación sólo se encuentra en la Iglesia Católica... es mentira (Juan 14:6).
8. Que los sacerdotes pueden convertir la hostia en el Cristo vivo... es mentira (Hebreos 10:10, 12).
9. Que es correcto adorar ídolos (crucifijos, rosario, imágenes, santos, etc.)... es mentira (Éxodo 20:4-5).
10. Que el "agua bendita" puede obrar milagros... es mentira (State Affair item, enero de 1986).
11. Que la Iglesia Católica es pobre... es mentira.

(Lea **The Vatican Billions,** por Avro Manhattan).

12. Que ella salvó a miles de judíos en Roma durante la ocupación nazi... es mentira. (Lea la verdad en la página 29 del libro **The Vatican Papers**).

Después de ver algunas de las mentiras de Roma (y podríamos mencionar muchas más), ¿puede alguien en su sano juicio creer algo de lo que este sistema malvado dice de hombres como Alberto Rivera? ¡Claro que no!

De hecho, incluso diríamos que si Roma concordara con Rivera en todo lo que este dice, entonces dudaríamos de él. Las denuncias de Roma sólo confirman que él dice la verdad.

¿Fue él jesuita?

La prueba de que Rivera realmente fue jesuita se encuentra en varias evidencias, incluyendo:

* Su tarjeta de identidad de España.

* Una carta de autorización escrita por el arzobispo de Madrid — Alcalá.

* Fotografías que muestran a Rivera en vestimenta sacerdotal en una escuela parroquial.

Con tales pruebas, la Iglesia Católica no puede simplemente negarlas y sostener que él nunca perteneció a su sistema. La evidencia está disponible para todo el que quiera verla, y es tan válida como la que cualquier persona pudiera presentar.

Es interesante notar que ex católicos, tales como el ex misionero Maryknoll Robert V. Julien, la ex madre superiora Donna Eubanks y el ex sacerdote Clark Butterfield concuerdan en que, de acuerdo a sus vastas experiencias en la Iglesia Católica, las afirmaciones de Rivera son verdaderas.

Otro hecho interesante es que muchos ex católicos romanos que en verdad han sido salvos por la gracia de Dios, concuerdan sin problema con las declaraciones de Rivera. Por experiencia personal saben cómo es el sistema católico romano.

Pareciera que, aquellos cristianos que creen las mentiras que Roma difunde acerca de Rivera, están ebrios con el vino de la fornicación de ese sistema y no pueden discernir entre la verdad y la falsedad.

Por supuesto, Roma negará las denuncias de Rivera acerca de ese sistema malvado. ¿No levantó falsas acusaciones contra Chiniquy cuando él la denunció? El libro **Fifty Years in the "Church" of Rome** (50 Años en la "iglesia" de Roma) presenta verdades que le cautivarán.

¿Y qué del famoso caso Dreyfus que dividió a Francia a fines del siglo 19? Se presentaron documentos falsos contra un oficial militar inocente para condenarlo a cadena perpetua. Según Edmond Paris, en el capítulo 8 de **La Historia Secreta de los Jesuitas**, la institución católica fue la que instigó todo ese plan. La Biblia nos dice que tal es la reacción de los siervos de las tinieblas. Cuando Jesús expuso el sistema religioso falso de Sus tiempos, lo crucificaron.

No olvidemos que la "santa madre iglesia" sostiene que ella nunca cambia. En lo concerniente a su campaña de mentiras y engaños, concordamos totalmente con ella. Jamás ha cambiado su conducta mentirosa.

Al leer buenos libros protestantes, vemos que la historia de Roma está llena de ejemplos de cómo destruye reputaciones, procurando destrozar a sus enemigos cuando han fallado todos los demás medios para desacreditarlos.

¿Podrían los protestantes justificar el crimen?

¿Podrían los protestantes lavados por la sangre de Jesús, de estos tiempos o del pasado, cometer los mismos crímenes horrendos que ha cometido la Iglesia Católica, y no ser denunciados? Examine la historia de los protestantes:

1. ¿A cuál de los grandes reformadores protestantes se puede culpar de haber torturado y matado a miles de personas inocentes en el pasado?

2. Hombres como Huss, Lutero, Calvino, Knox, Cranmer, Ridley, Latimer, o más recientemente, Wesley o Whitefield, ¿tuvieron un historial que incluía torturas y crímenes?

¿Dónde o cuándo proclamaron estos que la iglesia tiene el derecho de matar a los que no estén de acuerdo con ellos?

3. ¿Cuál iglesia protestante tiene artículos de fe que hacen provisión para exterminar a los que tengan creencias diferentes?

No debemos confundir, por ejemplo, la ejecución de romanistas que participaron en el complot de la pólvora, que fueron castigados por el rey Santiago debido a sus crímenes.

Tampoco debemos confundir casos como este con la exterminación de aquellos que la Iglesia Católica llamaba herejes. Los romanistas fueron ejecutados por crímenes contra el gobierno legal; a los protestantes los mataban por su fe en Dios y en Su Palabra. Las circunstancias eran totalmente diferentes.

Nunca olvidemos esto:

* Los reformadores denunciaron a este sistema maligno.

* Los que recientemente han salido de la Iglesia Católica están de acuerdo con lo que dice Alberto.

¿Dónde están hoy los genuinos protestantes lavados por la sangre de Cristo? Miles de cristianos que han sido redimidos por la sangre de Jesucristo deberían apoyar a Rivera y a Chick en sus esfuerzos para exponer a este sistema religioso anticristo.

Jamás debemos olvidar que, como denominación, Roma afirma ser la única iglesia verdadera. Sostiene que la Iglesia Católica fue establecida por Cristo, quien dejó como sucesor a Pedro, el papa y líder universal. Declara que fuera de ella, no hay salvación. Esto es sectarismo extremo en su forma más arrogante y diabólica.

Qué triste es cuando personas supuestamente cristianas, que dicen creer en la Biblia, apoyan a un sistema engañoso y anticristo como este para atacar a un hombre que procura denunciar sus falsas enseñanzas.

2

Investigación privada acerca de Alberto

A continuación veremos los seis títulos de la serie de historietas Los Cruzados, publicada por Chick Publications, basadas en información que fue proporcionada por el ex sacerdote jesuita Alberto Rivera:

ALBERTO .... Alberto, Parte 1
LA CRUZ DOBLE .... Alberto, Parte 2
LOS PADRINOS .... Alberto, Parte 3
LA FUERZA .... Alberto, Parte 4
LOS CUATRO JINETES ... Alberto, Parte 5
EL PROFETA .... Alberto, Parte 6

Como resultado de las numerosas acusaciones hechas contra la Iglesia Católica en esas historietas, la revista supuestamente cristiana, **Christianity Today** (Cristianismo hoy), lanzó una campaña para destruir la reputación de Alberto Rivera. Ya que no podían refutar los datos, hicieron lo único que les quedaba: desacreditar su testimonio por medio del ataque personal.

Para determinar si eran válidos o no los cargos que **Christianity Today** imprimió contra el Dr. Rivera, la Liga Protestante Canadiense (que no tiene afiliación alguna con Alberto Rivera ni con Jack Chick) decidió investigar esas acusaciones. En la edición de septiembre de 1983 de su órgano oficial, **The Protestant Challenge** (El reto protestante), publicaron los resultados de su investigación.

Hemos incluido una parte de ese informe aquí para proveer aún más pruebas de que la historia de Alberto Rivera es verdadera:

> "Historietas producidas por Chick Publications en cooperación con el Dr. Alberto M. R. Rivera (ALBERTO, LA CRUZ DOBLE, LOS PADRINOS, EL SABOTAJE, LA GRAN TRAICIÓN, y recientemente, LA FUERZA) han provocado respuestas airadas de la jerarquía católica romana en todo el continente. Dichas publicaciones han sido calificadas de propaganda de odio, y se ha demandado que se prohíba su distribución. Estas son demandas conocidas, usadas por generaciones contra los que se atreven a exponer las falsas declaraciones, doctrinas y prácticas del catolicismo romano y oponerse a ellas.
>
> "Los representantes del papa (y quienes se han

dejado convencer por la propaganda jesuita) han descrito los libros como 'absurdos, intolerantes, un conjunto de datos sin sentido, condenan motivados por el odio, peligrosos para la causa de Cristo, desagradables, tergiversan la verdad, inspirados por espíritus malvados, falsos, corruptos, llenos de odio, ridículos, indecentes, mentiras, maliciosos, juegan irresponsablemente con la verdad, poseídos por Satanás, una vergüenza, pornografía espiritual, basura, insensatez, feos'; también dicen que 'trabajan para el diablo, no para Jesús, ¡y que son inmorales e indecentes!'

"Las librerías cristianas han sido persuadidas, atemorizadas y amenazadas para que no sigan vendiendo la serie de Los Cruzados, ni los demás materiales publicados por Chick, incluyendo los tratados evangelísticos.

"En la oficina central de la Liga Protestante Canadiense hemos recibido más atención de la que desearíamos, además de indirectas y amenazas por vías legales y de otra clase. (Empezamos a usar el material cuando nos dimos cuenta de la campaña agresiva que estaba en marcha para hacer que desapareciera). Se prohibió el ingreso de dos de los libros a Canadá, por órdenes de un director de Aduanas e Impuestos de Canadá, aduciendo que eran 'inmorales e indecentes'. Cuestionamos esa decisión absurda en la corte de justicia y la orden fue anulada.

"En otras áreas han tratado de negar el uso de las oficinas de correo a los que continúan enviando el material. Se nos advirtió que se había presentado un informe contra nosotros ante la Real Policía Montada de Canadá.

"Nos amenazan con nombrar a un **comité de estudio**, responsable ante el Ministro de Justicia de Ontario, a pedido de la oficina del arzobispo católico de Toronto, para determinar si ALBERTO y LA CRUZ DOBLE deberían clasificarse como "Literatura que incita al odio", y presentar los cargos correspondientes. Dos inspectores de la Policía Metropolitana de Toronto nos han visitado, para preguntar acerca de nuestra participación y hablar de la posible acción que realizarán contra nosotros.

"No tratamos de ocultar nada de lo que hacemos; admitimos francamente que estábamos vendiendo los productos sobre los que estaban preguntando. Les repetimos lo que hemos dicho a otros: recibiremos con gusto cualquier cargo que presenten en contra nuestra bajo la sección de Propaganda de Odio del código criminal de Canadá.

"Creemos que cuando un grupo de presión puede

intimidar a todos los libreros cristianos de Canadá para que no vendan cierta literatura por ser OFENSIVA para algunos, entonces alguien debe estar listo para prestar atención a tal amenaza contra la fe y la libertad en nuestra tierra.

"Estamos preparados para hacerlo.

"Se nos ha recordado que quizá paguemos una multa de 6,000 dólares o se nos condene a dos años en prisión. Hemos insistido en que si eso sucede, ¡nadie pagará la multa! Tal vez esto despierte a los canadienses apáticos y a los cristianos apáticos.

"Uno esperaría que católicos romanos (al ver que sus instituciones son atacadas) hagan lo posible para contrarrestar los resultados eficaces y fructíferos que pueda tener dicha literatura. Sin embargo, es triste leer que la forma más trágica de ataque proviene de aquellos que se glorían en llamarse 'cristianos evangélicos'.

"**Christian Reader, Cornerstone** y **Our Sunday Visitor** publicaron un artículo escrito por Gary Metz, titulado 'The Uncomical Alberto Rivera' (El Alberto Rivera no cómico), un artículo destacado en **Christianity Today**.

"Más recientemente, **Forward**, órgano oficial del Instituto Cristiano de Investigación, publicó un artículo de Brian Onken titulado 'Alberto: The Truth About His Story' (Alberto: La verdad acerca de su historia). En ese 'estudio' presentan al Dr. Rivera, el sacerdote jesuita convertido, como un fraude. Mencionan áreas de los Estados Unidos en donde, según dicen, buscan a Alberto para interrogarlo.

"Los artículos demandan una respuesta de parte de quienes poseen celo para contender por la fe y mantener nuestra libertad. Cristianos interesados en este tema desean oír la respuesta a varias preguntas:

"¿Es Jack Chick un editor totalmente irresponsable?

"¿Es Alberto Rivera un sensacionalista mentiroso tal como lo describen?

"¿Es en verdad Alberto el instrumento de Dios para nuestro tiempo, para lograr el esperado despertar entre los católicos romanos que están siendo engañados, de modo que puedan ser ganados para Cristo Jesús al recibirlo como Señor, Salvador, Mediador y Abogado; y aceptar la Biblia como la Palabra de Dios, autoritativa, libre de error, inspirada y confiable para juzgar a todas las autoridades; y para guiar a la gente a salir de una organización que es anticristiana?

"¿A qué se deben el maltrato y los ataques contra estos dos hermanos?

"¿Por qué nadie ha investigado las acusaciones que se han presentado? ¿Acaso no podemos analizar los cargos? ¿No es posible analizar legalmente las acusaciones?

"¿Nos permitirán examinar sus acusaciones los hombres y las revistas, alabados por muchos como autoridades en el campo del evangelismo? ¡Queremos saber si tienen fundamento!

"Si sus acusaciones pueden sostenerse en forma lógica y con pruebas, de manera que no haya duda de la culpabilidad del Dr. Rivera, entonces reexaminaremos nuestra posición y cambiaremos la decisión de apoyar a Chick y a Rivera.

"¿Qué presentan las denuncias en estos artículos? Lamentablemente, estos son aceptados por personas que nunca se han molestado en investigar a fondo y de manera racional las acusaciones contra estos hermanos.

"¿Se basan estas críticas en chismes, rumores, informes, acusaciones de fraude, fuentes que generalmente son confiables, engaños, controversias, situaciones de caos emocional, fuentes de confiabilidad dudosa, falsedades, mentiras continuas, antagonismo, testimonios contra-dictorios e ingenuidad para tratar de validar sus historias? Estos son los términos que usan quienes juzgan al Dr. Rivera.

"¿Será posible que los deseos del corazón estén originando los pensamientos? ¿Desean los acusadores que los cargos sean verdaderos? Estas preguntas demandan respuestas claras; y eso es lo que buscamos.

¡Examine las acusaciones!

"Estas revistas —en las que mucha gente confía— hacen afirmaciones respecto al Dr. Rivera sin presentar evidencias que las apoyen. Esto es tan obvio que resulta difícil evaluar los escritos que lo acusan.

"Imaginemos que estamos en una corte judicial y se exponen serios cargos contra Alberto Rivera. El fiscal hace la mejor presentación posible de las acusaciones y del testimonio para fundamentarlas.

"Si el abogado defensor considera que la evidencia es débil, argüirá que no se ha dado prueba suficiente de culpabilidad y pedirá al juez que se retiren los cargos. Si el juez está de acuerdo, el acusado queda libre. ¡Se supone que es inocente!

"Queremos examinar los cargos y evaluar si los acusadores han presentado suficiente evidencia. Si no existen pruebas adecuadas, entonces pedimos que se retiren las acusaciones y que se pida perdón a los hermanos acusados. Como cristianos, la Biblia nos dice: 'No hagáis extorsión a nadie ni calumniéis'.

'Examinadlo todo; retened lo bueno'. 'Contra un anciano no recibas acusación sino ante dos o tres testigos.'. 'Por boca de dos o de tres testigos toda palabra será establecida.'.

"¿Leyeron los críticos la descripción de Alberto sobre los Pasos Básicos que sigue la jerarquía católica para desacreditar y destruir a todo el que salga de ella? ¿Procuraron ellos exponer los errores y las prácticas malignas del romanismo? ¿Insistieron en decir que el jesuitismo de ninguna manera es cristiano?

"En su defensa contra lo que describe como calumnias lanzadas por amigos y enemigos, Rivera dirige nuestra atención a... acusaciones y cargos impíos y antibíblicos hechos por el líder del Centro Cristiano de Investigación (que evita investigar los crímenes y masacres realizados por la institución católica) por medio de artículos que aparecen en... Cornerstone y Christianity Today...

"Toda persona honesta y decente, aunque no sea cristiana, reconocerá la validez y credibilidad del Dr. Rivera como sacerdote católico romano. ¿Por qué estos críticos lo han atacado siempre a él, y no las doctrinas que defiende y proclama?

"El señor Metz dice: 'Alberto dice que trabajó con conocidos espías jesuitas tales como Kathryn

Kuhlman y Jim Jones'. Sin embargo, ¡Rivera jamás ha dicho que trabajó con alguno de ellos!

"Los críticos nos dicen que la historia de Alberto fue prohibida por la Iglesia Cristiana Reformada, Zondervan Publishers y la Junta de Escuela Dominical de la Convención Bautista del Sur. Pero

"La Liga Protestante Canadiense averiguó en todas las estaciones de policía que mencionan los acusadores, y la respuesta en todas fue: ¡Nunca hemos oído de este hombre!"

no admiten que muchas de las congregaciones asociadas con estas tres organizaciones continúan vendiendo las historietas de Los Cruzados a las que se refieren.

"Los críticos no preguntaron a la jerarquía católica

romana por qué estaba indignada, porque los artículos decían la verdad; porque, gracias a ellos, miles de ex católicos habían hallado a Cristo Jesús como Señor y Salvador, y estaban dejando la religión de Roma.

"¿Por qué otra razón un sacerdote de la reservación india, en New Brunswick, ordenaría a un misionero de fe que no entrara a la reservación, si no fuera porque muchos jóvenes adultos indios estaban leyendo acerca de Alberto en las historietas, y estaban acudiendo a Cristo? Lo mismo sucedió en el oeste de Canadá y en algunos lugares de Ontario.

"¿Por qué los críticos no preguntaron a los representantes de la Iglesia Católica la razón de las prohibiciones de entrada, etc., a menos que sea por temor a que aún más gente deje la religión de Roma?

"¿Por qué, específicamente, las casas editoras mencionadas tratan de prohibir la distribución de la serie ALBERTO en todos sus lugares de venta? ¿Alguien se los pidió? ¿Les han preguntado si los representantes locales de la Iglesia Católica pidieron eso porque las historietas los ofenden? (Esta es la razón que dio la oficina del arzobispo de Toronto). Los críticos han dicho: 'Nuestra investigación revela el archivo policial (de Rivera), sus maquinaciones para las inversiones, sus cheques sin fondos, su testimonio contradictorio, los datos falsos acerca de su educación y el supuesto maltrato familiar'.

¡Pero el que escribió esto olvidó algo! No menciona ninguno de los informes judiciales (no incluye la ubicación de las cortes, las fechas, el número de cada caso, los cargos presentados, si Rivera fue arrestado o no, y en qué terminó cada acusación que supuestamente se hizo contra él).

"Un supuesto maltrato, recortes de periódicos, artículos de revistas, varios autores de artículos (citándose unos a otros), jamás deben considerarse como pruebas válidas, reales y confiables. Se menciona con tono crítico una universidad de España para la que Rivera (como sacerdote jesuita) estaba autorizado a recoger fondos, cuando en realidad no tenía un permiso apropiado para hacerlo.

"Los artículos sostienen que Rivera nunca fue sacerdote. No se indica el nombre de la universidad ni la fuente de la información para sustentar las conclusiones. Según fuentes católicas romanas, hubo un acuerdo oficial respecto a que el Dr. Rivera en verdad fue nombrado para participar en la recolección de fondos por un mes; lo cierto es que no lo hubieran puesto en esa tarea sin examinar sus credenciales sacerdotales.

"Se nos dice que un pastor de la Iglesia de Dios de la Profecía pasó vergüenza por un cheque que, supuestamente, Rivera escribió contra una cuenta bancaria que ya estaba cerrada.

"Pero no se menciona dónde están el pastor, los bancos, la aerolínea que presentó la queja; si los escritores del artículo vieron copia del cheque, si esa cuenta bancaria existió, y a cuál oficina ese pastor escribió una queja. (Los acusadores dan el nombre del pastor, pero ningún otro dato).

"Se acusa a Rivera de tener una historia de problemas legales, sentencias judiciales, acusaciones de fraude, órdenes de arresto, cheques sin fondo. Pero no dan datos específicos sobre las quejas, detalles vitales, archivos policiales, lugares, vistas en la corte. ¡Y no se informan los resultados!

"La Liga Protestante Canadiense averiguó en todas las estaciones de policía que mencionan los acusadores, y la respuesta en todas fue: ¡Nunca hemos oído de este hombre!"

"Escuchamos de supuestas inconsistencias, contradicciones, conflictos con fechas; pero nunca se nos han dado las fuentes de tal información: cartas, grabaciones, fotocopias, personas, entrevistas, etc. ¡Ni siquiera un recorte de periódico!

"Nos dicen: 'El vocero católico romano niega la afirmación de Alberto de que fue sacerdote y obispo jesuita. Sostienen que los documentos que él muestra como prueba de su sacerdocio son sólo cartas formales otorgando permiso para viajar al

> extranjero.
>
> "¿Qué más se puede esperar? Por cierto, no esperamos que los funcionarios de la Iglesia Católica reconozcan que Alberto Rivera está diciendo la verdad acerca de ellos o de sus prácticas jesuíticas. ¡No somos tan ingenuos!"

Este informe detallado y honesto, producido por una fuente completamente independiente de Rivera y Chick, quita la cubierta y revela los hechos detrás de la cortina de humo.

Alberto Rivera es exactamente quien dice ser, un ex sacerdote jesuita que se convirtió a Cristo. Los terribles intentos para destruir su reputación sólo demuestran la veracidad de sus declaraciones acerca de Roma.

3

Respuesta a un artículo de Christianity Today

Christianity Today es el título de una revista muy ecuménica. Aunque se supone que es una publicación cristiana, los cristianos verdaderos que creen en la Biblia no se sorprendieron cuando **Christianity Today** atacó a Alberto Rivera y la información que él presentó.

En la edición del 13 de marzo de 1981 dedicaron tres páginas a "probar que Alberto es un fraude".

¿Creía sinceramente la revista que Alberto era un fraude o tenía otra razón para actuar así? Surgen muchas preguntas interesantes:

* ¿Atacaron a Alberto por temor a despertar la ira de sus lectores católicos y perder dinero si estos cancelaban sus suscripciones?
* ¿Es posible que los católicos controlen realmente

la revista y que hayan organizado la campaña difamatoria para desacreditar a Alberto ante aquellos que creen que **Christianity Today** es una revista cristiana?

* En realidad, ¿es cristiana la revista **Christianity Today?**

Cuando la revista publicó ese artículo, James M. Houston, un ex católico romano, escribió una carta a **Christianity Today** respondiendo a los ataques contra Rivera.

Incluiremos parte de su carta como otra prueba de la validez de lo que ha dicho Alberto Rivera. Tenga en cuenta que James Houston no está asociado en absoluto con Alberto Rivera o con Jack Chick.

Parte de su carta dice:

> "Leí su artículo de tres páginas denunciando que el 'Alberto' de J. T. Chick es un fraude (véase Christianity Today, 13 de marzo de 1981). Quisiera comentar lo siguiente acerca del mismo, esperando que Dios en Su soberanía permita que impriman esta carta (completa) en una futura edición de Christianity Today:
>
> "Primero, considerando la evidencia presentada en su artículo, aunque veo muchos actos de los cuales Alberto Rivera pudiera ser culpable o no, en el artículo no hallo pruebas que muestren que es un

fraude; a menos, claro está, que yo no comprenda el término 'fraude'. Ustedes publican lo que Roma dice acerca de Alberto. Quién en su sano juicio (a menos que ignore por completo la historia) le prestaría atención [a Roma] a la luz de la siguiente evidencia:

1. Su enseñanza de que 'el fin justifica los medios' le da la libertad de mentir si eso promueve su causa.

2. H. G. Wells, notable historiador, en su libro **Crux Ansata** declara:

Página 105 — 'El catolicismo romano es un sistema en decadencia y profundamente desesperado, capaz de hacer sólo maldad y daño en nuestro mundo que está despertando'.

Página 155 — 'Creo que defiende la mayor hostilidad hacia la emancipación y estimulación mentales de la humanidad. Es el sistema más completo y más organizado de prejuicios y antagonismos que existe. En todo el mundo existe ignorancia y prejuicios, pero el mayor conjunto de estos, con el prestigio más amplio y la conexión más íntima con instituciones tradicionales es la Iglesia Católica Romana. Presenta muchas caras ante el mundo, pero en todas partes es sistemática en su lucha contra la libertad'.

3. Lord Macaulay, en la página 548 de su libro **Essays on Ranke's History of the Popes** (Ensayos sobre Historia de los Papas, de Ranke — 1852) dice:

"Es imposible negar que la política de la Iglesia de Roma es la obra maestra de la sabiduría humana... La experiencia de 1,200 años llenos de acontecimientos, la ingenuidad y el cuidado paciente de 40 generaciones de hombres de estado, han mejorado esa política a un grado de perfección tal que, entre los planes astutos que se han ideado **para engañar y controlar a la humanidad, ocupa el lugar más alto**'.

"Pero, aun con una nube tan grande de testigos, uno podría estar tentado a preguntar: '¿No ha cambiado Roma recientemente?' Para responder a esta pregunta sumamente vital, recurro otra vez al mensaje de Martyn Lloyd Jones:

> 'Pero', dice usted, '¿no ha cambiado la Iglesia Católica Romana? Usted está mirando el pasado; habla como si viviera en el siglo 16. ¿No comprende que está viviendo en el siglo 20?'
>
> 'Mi respuesta es muy simple. El alarde de mayor orgullo de la Iglesia Católica Romana es que ella nunca cambia: Semper eadem. ¿Cómo puede cambiar? Si lo hace, admite que

estuvo equivocada en el pasado — pero ella dijo entonces que era infalible, y que el papa es el vicario de Cristo y no puede cometer errores. Si dice que puede cambiar, ¡niega su afirmación central! Ella no dice que está cambiando y nunca lo hará. La Iglesia de Roma se mantiene igual.

'En todo caso, está peor. A lo que enseñó en el siglo 16, ha 'añadido' elementos como la infalibilidad papal y otros. No, no hay cambios en la Iglesia de Roma. Y si alguna vez hay una gran iglesia mundial, será porque la Iglesia de Roma habrá absorbido a las demás, ¡dominándolas por su ignorancia!'

"En vista de estas pruebas, ¿debemos dar algún crédito lógico a lo que Roma dice acerca de Jack Chick y Alberto Rivera? ¡De ninguna manera!

"Segundo, volviendo a Alberto Rivera y la acusación que ustedes hacen contra él y la organización de Chick, no creo que Jack Chick pondría en peligro su ministerio bien establecido sin tener una guía definitiva del Espíritu Santo. En verdad, jamás se arriesgaría así a menos que esté seguro de que Alberto es genuino.

"Tan solo una breve consideración de lo que Roma ha hecho a quienes la denunciaron en el pasado me dice que Chick ha arriesgado aun su vida en esto. ¿Y qué de su amada familia? ¿No los ha puesto en peligro también a ellos?

"Tercero, debo considerar a Alberto. ¿Por qué se arriesgaría él y arriesgaría a su familia de esa

"Nunca había leído algo contra J. T. Chick sino hasta que atacó a Roma".

manera? ¿Qué podría ganar con tal acción? No, la lógica me lleva a concluir que el Espíritu Santo de nuestro amado Señor lo está guiando. ¡Dios bendiga su valiente corazón!

"Cuarto, debo considerar el papel de Satanás en esto, a la luz de lo que Jesús dice en Mateo 12:25-26:

'Todo reino dividido contra sí mismo, es asolado...

Y si Satanás echa fuera a Satanás, contra sí mismo está dividido; ¿cómo, pues, permanecerá su reino?'

"A la luz de la realidad comprobada de que Roma siempre ha sido un sistema diabólico, y que es la maldición de todo lo que toca, dudo que el diablo mismo fuera el autor de un libro que, al menos, ha hecho que la gente piense otra vez en la enorme maldad de Roma. El diablo quizá no sea sabio, pero es astuto y sagaz.

"Quinto, debo tomar en cuenta a los cristianos verdaderos y santos que conozco personalmente. Y, aunque sean pocos, están de acuerdo en que esto es de Dios.

"Sexto, aunque Roma ha demostrado ser el mayor fraude impuesto a la humanidad, no recuerdo que ustedes se hayan esforzado en denunciarla como tal en su revista, aunque tal acción de vuestra parte sería un beneficio de gran bendición para toda la humanidad, en especial para el cuerpo de Cristo.

"Otra vez debo preguntar: ¿Por qué su revista está tan ansiosa por exponer a Alberto? Es una buena pregunta, porque aunque pensara por un momento que el libro ALBERTO es falso, ¿no puede regocijarse mi corazón (como lo hace el apóstol Pablo en Filipenses 1:8) porque una vez más esta 'madre de todas las rameras espirituales' es

expuesta ante las VERDADERAS ovejas de Dios? Debo decir que sospecho de vuestra motivación al imprimir este artículo.

"Además, noté en la segunda página de su artículo que el editor católico romano de **Our Sunday Visitor** (Nuestro visitante dominical) declara: 'Lo triste es que las mentiras de Chick son difíciles de refutar'. ¡Tal vez sean 'difíciles de refutar' porque no son mentiras sino la verdad! ¡Amén!

"Por último, debo considerar que, hasta donde recuerdo (y yo leo mucho), **nunca había leído algo contra J. T. Chick sino HASTA que atacó a Roma.** ¡El diablo está enojado y estoy tan feliz! ¡Aleluya!

"Aún podría seguir pero me temo que ya les he dado demasiado problema, así que me detendré. En verdad, es mi oración que esta carta sea recibida con el mismo espíritu con que ha sido escrita; y, con el favor de Dios, que la verdad presentada en ella alcance los corazones de muchas almas AMADAS, para que no terminen con la marca de la bestia. Que Dios guíe vuestro corazón a investigar este tema con diligencia, para que no luchen contra el Espíritu de la verdad, nuestro amado Señor.

"Esta carta la escribió alguien que ama a Jesús y aborrece a los DEVOTOS enemigos de Jesús,

con ese odio PERFECTO del que David habla en Salmos 139:21-22. Sinceramente,

Alguien que está orando por ustedes,
(Firmado) James M. Houston"

En esta carta, Houston plantea buenas preguntas. Por ejemplo:

I. ¿Por qué **Christianity Today** desea condenar a alguien que está denunciando a un sistema religioso falso?

II. ¿Dónde está la evidencia que fundamenta los argumentos contra Alberto? El artículo contiene numerosas acusaciones pero ninguna prueba sólida.

III. **Christianity Today** dice que la Iglesia Católica niega que Alberto haya sido sacerdote. ¿Esperaría usted que admita que sí lo fue? ¡Jamás!

Aunque el objetivo del artículo era desacreditar y difamar a Alberto, una lectura detenida del mismo sólo refuerza la información que ha presentado este siervo de Dios.

Conclusión

A la luz de esto, ¿cómo puede una persona honesta creer en las mentiras inspiradas por Roma acerca de A. Rivera y J. Chick? Hemos presentado aquí evidencia independiente que apoya firmemente los cargos de Rivera contra la Iglesia Católica, evidencia que toda persona puede obtener sin dificultad.

Dejamos este desafío a los llamados "expertos en sectas" o a los escépticos. Antes de acusar a estos hermanos cristianos, primero asegúrese de tener la información correcta. Atacar a las sectas es bueno y útil; sin embargo, no se concentre en las sectas menores sin exponer primero a la más extensa, más maligna y más peligrosa. De lo contrario, no se asombre si cristianos que han nacido de nuevo y creen en la Biblia ven con sospecha lo que ustedes hacen.

Antes de acusar a alguno de ellos de "odiar a los católicos", investigue de qué está hablando. No es odio, sino verdadero amor, lo que motiva a estos hombres a proclamar la verdad a las almas perdidas que están siendo engañadas y perecen en una religión falsa. ¿Quiénes son culpables de sentir odio? ¿Los hombres que tratan de despertar y rescatar a los que están pereciendo, o los líderes religiosos legalistas que engañan a las multitudes y ayudan a empujarlas al fuego eterno del infierno?

No, no podemos culpar a Rivera y a Chick de sentir odio. Más bien, debemos apreciar su genuino amor y compasión por los perdidos. Si desea hablar de odio, estudie la historia de la institución católica. Su pasado está lleno de actos que definen perfectamente el término "odio".

Made in the USA
Monee, IL
10 September 2026

62770635R00056